AF261778

PHYSIOLOGIE
DU TAILLEUR,

PAR LOUIS HUART

Dessiné par Gavarni.

PARIS.

ÉDITEUR LAVIGNE,

de la Bourse. 1 rue du Paon Saint-André.

Publication d'Aubert et Cⁱᵉ, place de la Bourse, 29.

Livres illustrés.

LES ANIMAUX PEINTS PAR EUX-MÊMES, magnifique volume illustré par Grandville. — LES FABLES DE FLORIAN, par le même artiste. — LES FEMMES DE SHAKSPEARE, livre de luxe, orné de gravures anglaises. — LES BEAUTÉS DE LORD BYRON, texte par Amédée Pichot, gravures anglaises du plus grand mérite. — LE MUSÉUM PARISIEN, texte par L. Huart, dessins par Gavarni, Daumier, Grandville et autres. — LES FABLES DE FLORIAN, édition illustrée par Victor Adam. — PARIS DAGUERRÉOTYPÉ, les rues de Paris avec texte explicatif et historique. — LA GALERIE DE LA PRESSE, DE LA LITTÉRATURE ET DES BEAUX-ARTS, trois gros volumes : 147 portraits des artistes et gens de lettres en réputation. — LES FASTES DE VERSAILLES, texte par M. Fortoul, gravures anglaises et françaises. — PHYSIOLOGIES par MM. Balzac, — Delor, — L. Huart, — Lemoine, — H. Monnier, — Maurice Alhoy, — Marco Saint-Hilaire, — Ourliac, — Philipon, — James Rousseau, — F. Soulié et autres; dessins de Daumier, — Gavarni, — Janet-Lange, — A. Menut et autres.

LES CENT-ET-UN ROBERT-MACAIRE, texte par MM. Maurice Alhoy et Louis Huart, dessins par *Daumier*, sur les idées et légendes de *Ch. Philipon*, 2 beaux volumes, 101 dessins. Prix, 20 fr.

LE MUSÉE POUR RIRE, texte par MM. *C. Philipon, Louis Huart* et *Maurice Alhoy*; dessins de MM. *Gavarni, Grandville, Daumier, Bouchot* et autres, 3 beaux volumes. Prix : 30 fr.

Estampes.

Estampes d'encadrement, — Estampes de genre, pour albums, etc., — Modèles de figures, de paysages, de fleurs, d'animaux, — Ornements anciens et modernes, — Costumes de théâtre et de travestissements, — Costumes civils et militaires, — Dessins pour les fabricants d'étoffes, d'impression sur toile et sur papier, de broderies, de tapis, etc., etc.

Caricatures.

La maison Aubert a fondé les journaux qui publient des

PHYSIOLOGIE

DU TAILLEUR.

IMPRIMÉ PAR BÉTHUNE ET PLON, A PARIS.

Physiologie
DU TAILLEUR,

PAR

Louis Huart.

Vignettes par Gavarni.

PARIS,

AUBERT ET CIE,   LAVIGNE,

Place de la Bourse.   Rue du Paon-St-André, 1.

CHAPITRE I.

Opinion de l'auteur sur la profession de tailleur.

onsieur, permettez qu'avant d'aller plus loin je commence par exprimer mon opinion aussi personnelle que consciencieuse sur la profession de tailleur; — je sens que je ne pourrais pas écrire une ligne de plus si je ne m'empressais de satisfaire ce besoin de mon cœur, — ça m'étouffe.

Ainsi donc, je le déclare à haute et intelligible voix par l'organe de ma plume, — la profession de tailleur est la plus morale, la plus noble, la plus poétique et la plus philanthropique de toutes les professions.

Oui , monsieur , de toutes les professions , sans en excepter celle de libraire-éditeur ou de pédicure , de pair de France ou de marchand de peaux de lapins , — et pourtant Dieu m'est témoin que je sais apprécier ces diverses classes de la société à leur juste valeur , — surtout le libraire-éditeur quand il paye au comptant ; — car l'éditeur qui ne règle les manuscrits de ses auteurs qu'avec du papier Cabochard endossé par Bilboquet me semble infiniment au-dessous du marchand de peaux de lapins lui-même.

Si vous daignez m'honorer d'un instant d'attention , je vous prouverai , clair comme le bouillon de gélatine , que des quatre épithètes laudatives que je viens d'accoler à la profession en question pas une seule n'est à retrancher.

D'abord elle est *morale.*— Ceci, je pense, ne fait pas plus pour vous que pour moi l'ombre d'un doute , — car était-il rien de plus immoral que le vêtement porté par l'homme avant l'invention du pantalon ! et , à moins d'être *Écossais*, un individu se respectant un peu oserait-il se présenter dans une société quelconque sans cet accessoire aussi chaud que pudique ! — Encore les Écossais portent - ils des jupons dont l'usage était pareillement inconnu du temps où les hommes n'avaient pas considéré le figuier sous son point de vue uniquement nutritif et lui avaient encore demandé un semblant de costume ! C'était indécent, ma parole d'honneur, surtout pendant l'automne, époque forcée de la chute des feuilles.

La morale et la vertu ne datent véritablement que du siècle où un homme de génie et, mieux que cela même, un homme de bien inventa la culotte. — Homme de génie et de bien, je te bénis!

Elle est *poétique*, — car qu'est-ce que la poésie sinon cette muse charmante qui sait embellir par ses riants mensonges la triste réalité des choses d'ici-bas ? — et, avouez-le avec moi, est-il rien au monde qui ait plus besoin d'être embelli que la plupart des gardes nationaux de notre belle patrie ! —·L'homme, pour se consoler de sa triste encolure, se plaît à répéter qu'il a été fait à l'image de Dieu ; mais c'est là un bruit que les bossus se sont plus à faire courir, — à moins que la copie ne s'éloigne furieusement du modèle.

Eh bien, grâce au tailleur, presque tous les

mortels deviennent des *Antinoüs*, — vus à deux ou trois cents pas. — Et, tel qui, dans les premièrs siècles du monde, aurait été reconnu unanimement comme un véritable gringalet, est en 1841 un des ornements de l'asphalte du boulevard de Gand, tellement son habit lui dessine des formes qu'il n'a pas!

Elle est *noble* — (nous parlons toujours

de la profession dudit tailleur), — car c'est bien le moins que vous accordiez cette qualification à l'état qui a pour but continuel d'*ennoblir* tous ceux au bénéfice desquels il s'exerce. Vous conviendrez, j'espère, que toutes les fois que vous endossez un habit neuf vous sentez une voix intérieure qui vous dit que vous valez infiniment plus que l'instant d'auparavant.

Prenez un homme qui sort de son lit et qui

est encore affublé de son ignoble bonnet de coton, et vous trouverez un individu sans la moindre valeur réelle ; — et nous prenons ce mot de valeur dans toutes ses acceptions , — car c'est à peine si dans ce moment il se doute qu'il a du sang dans les veines : vous en auriez très-bon marché. — Mais laissez-lui endosser ses vêtements , et à mesure qu'il entrera dans son pantalon il sentira renaître sa fierté ; — arrivé au gilet , il commence à relever la tête ; — et du moment où il aura endossé l'elbeuf... je ne vous conseille pas de lui marcher sur le pied , — surtout si l'elbeuf est dans sa fraîcheur.

Cela est si vrai que Napoléon apportait le plus grand soin au choix du costume de ses soldats ; — il savait parfaitement qu'on pouvait faire un brave du jour au lendemain, rien qu'en lui donnant une élégante veste de hussard au lieu d'un ignoble sarrau de toile bleue. — Donnez des épaulettes rouges ou jaunes à un assez triste soldat du centre, et aussitôt vous en faites un crâne grenadier ou le plus rageur des voltigeurs.

Les lois somptuaires qui jadis défendaient aux bourgeois, aux vilains de porter certains ornements uniquement réservés à la noblesse étaient fort bien vues... dans l'intérêt des nobles. Car ces malheureux vilains l'étaient surtout par leur costume ; et la noblesse a disparu du jour où tout le monde, en France, a pu porter un habit noir : — ou plutôt tout le monde est devenu noble. — Il suffit d'avoir cent francs, — que dis-je ! d'avoir un crédit de cent francs chez son tailleur !

Enfin elle est *philanthropique*. — Oh ! ceci n'a pas besoin d'une longue démonstration, — car j'ai eu tort de dire qu'elle était philanthropique, cette noble profession de tailleur, — j'aurais dû écrire qu'elle était la *seule philanthropique* !

A quoi s'occupe le tailleur pendant tout le cours de l'année ? que fait-il, ce philanthrope modèle ?

Croyez-vous qu'il invente des prisons philanthropiques et cellulaires dans lesquelles les condamnés éprouvent le besoin, pour se distraire, de se casser la tête contre les murailles ?

Pensez-vous qu'il prononce des discours et mange du veau en France, en faveur de l'abolition de l'esclavage aux îles Vanikoro ?

Vous imaginez-vous qu'il invente quelque

nouveau bouillon gélatineux confectionné avec de vieux jeux de domino, et à l'aide duquel les personnes qui désirent en finir avec la vie peuvent se suicider parfaitement en huit jours de temps?

Point, messieurs! — Et pourtant s'il se livrait à cette banale philanthropie, il serait chevalier de la Légion-d'Honneur, membre de la Société royale des Naufrages et peut-être associé-libre de l'Académie Racinienne de La Ferté-Milon! — et, comme vous voyez, rien ne manquerait à sa gloire ici-bas, — il pourrait ainsi vivre en s'enveloppant de sa vertu — et même d'un grand manteau bleu!

Mais auprès du tailleur tous ces philanthropes de pacotille ne sont que de la Saint-Jean.

Ce qu'il fait, monsieur? — Ah! permettez qu'avant de vous répondre j'éponge une larme d'attendrissement qui menace d'inonder tout mon œil gauche; sans cela je pourrais vous répondre en louchant, ce qui serait bien désagréable pour vous et pour moi.

Ce qu'il fait, monsieur? — Vous connaissez sans doute saint Martin, ou du moins vous en avez entendu parler dans la société; par conséquent vous n'ignorez pas que ce saint fut canonisé et placé dans l'almanach grégorien des facteurs de la poste aux lettres, pour avoir, dans son temps, donné la moitié de son manteau à un pauvre diable qu'il rencontra sur son chemin.

Je ne prétends nullement amoindrir le mérite de cette bonne action ; mais à ce compte-là il n'est pas un tailleur qui ne méritât d'être doublement canonisé : car ce n'est pas une moitié de manteau qu'il procure totalement gratis à une foule de pauvres diables, — c'est un paletot complet, très souvent accompagné d'habit, veste et culotte.

Et ce n'est pas une fois que ça lui arrive, — c'est dix fois, vingt fois, cinquante fois !

Et pour toute récompense de ces incalculables bienfaits, le nom de ce moderne saint Martin est tout bonnement mis dans l'*Almanach des vingt-cinq mille adresses.*

O tailleur, heureusement que, pour te consoler de l'ingratitude de la foule, tu possèdes mon estime : et c'est déjà bien gentil comme ça !

Toutes les fois que je passe devant un tailleur, si je ne me retenais pas, je me précipiterais à ses pieds pour lui demander sa bénédiction, — mais je me retiens.

Je ne puis même pas apercevoir sur son établi un simple ouvrier de cette noble branche
de l'industrie française, sans avoir l'idée de le
saluer profondément et respectueusement : mais
ma politesse serait faite en pure perte, — car ces
artistes sont toujours accroupis de telle façon
qu'on ne peut jamais les voir de face !

CHAPITRE II.

De quelques préjugés provinciaux touchant le tailleur.

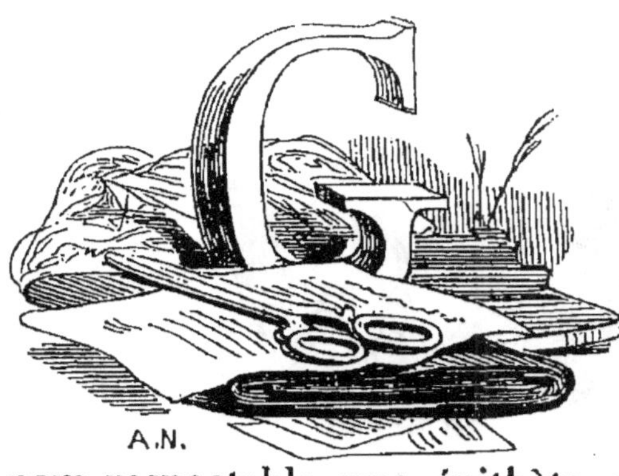

énéralement, quand les pro-vinciaux et même quel-ques Parisiens parlent des tailleurs, ils accolent à ce nom respectable une épithète qui jadis escor-tait presque toujours aussi le nom du procu-reur, — je crois même que cette espèce de proverbe a pris naissance à la même époque. Mais, voyez la fatalité! — depuis que le pro-cureur a transformé son nom en celui d'*avoué*, il est parvenu à se faire passer dans la société pour un parfait honnête homme, incapable d'augmenter les frais d'un dossier seulement de

cinq centimes, — tandis que le tailleur continue à jouir depuis un temps immémorial de la
même réputation désagréable.

Ha ! les hommes ! les hommes !

Je ne puis m'expliquer l'origine de cette déplorable coutume que par l'imprudence d'un
tailleur qui mit jadis sur son enseigne une magnifique paire de ciseaux ornés d'ailes plus magnifiques encore, et qui prit pour légende : —
Aux ciseaux vollants.

De là tous les mauvais plaisants se prirent à
dire que si les tailleurs prenaient des ailes, c'é-
tait parce qu'ils avaient l'intention de *voler*,
et l'orthographe vint encore aggraver le fâcheux
de l'affaire ; car le tailleur avait mis deux L
dans le môt *volants*, — ce qui indiquait

l'intention bien arrêtée de voler encore plus fort que tous les autres.

Voilà pourtant comme une faute de français devint l'origine d'une foule de bruits calomnieux, — car je suis bien convaincu qu'en fait de fautes les tailleurs n'en ont jamais eu d'autres à se reprocher.

Jadis, quand nos pères achetaient eux-mêmes trois ou quatre aunes de drap et les portaient à un tailleur pour qu'il en tirât habit, veste et culotte, — le personnage chargé de cette mission de confiance pouvait à la rigueur, à la grande rigueur, se permettre de prélever sur l'étoffe un gilet pour son propre usage, ou un pantalon pour son petit dernier; — mais il n'y avait encore rien là-dedans de trop répréhensible, — c'était faire acte de bon père de famille : car il n'est rien de plus moral que de mettre en culotte un jeune homme qui commence à entrer dans l'adolescence.

Mais aujourd'hui cela ne se pratique plus ainsi, le tailleur est à la fois tailleur et marchand de drap; — s'il volait de l'étoffe, il se volerait lui-même : — vous voyez bien que nous entrons dans une hypothèse absurde,

A cela vous direz que vous appelez *vol* l'ac-

2

tion par laquelle on vous fait payer cent vingt ou cent cinquante francs un habit qui en vaut quatre-vingts.

Mais, mon cher monsieur, je suis fâché de vous le dire, vous faites là un déplorable abus de la langue française : votre tailleur ne vous prend pas en traître; il vous prévient à l'avance que votre habit vous coûtera ce prix, que je me permettrai aussi de qualifier d'exorbitant pour vous faire plaisir.

Si vous ne voulez pas accéder à ce prix, vous êtes libre, parfaitement libre, — vous avez même le droit de vous confectionner un habit à vous-même, — et vous serez gentil!

Un autre préjugé qui a encore cours dans les mêmes provinces françaises, c'est que tous les tailleurs font fortune dans l'espace de cinq ou six ans; — à les entendre, ces gaillards-là ont remplacé les fermiers-généraux de l'ancien régime.

Je ne sais pas s'il y a beaucoup de tailleurs qui font fortune, mais, à coup sûr, il y en a terriblement qui font faillite; — pour vérifier ce fait, vous n'avez qu'à consulter chaque jour la quatrième page de la *Gazette des Tribunaux :* sur quinze commerçants mis en faillite, vous trouverez au moins deux ou trois tailleurs; — ils n'ont de rivaux que les limonadiers.

La moitié au moins des marchands d'habits exerçant leur profession dans les rues de Paris sont d'anciens tailleurs qui n'ont trouvé que ce moyen d'utiliser leurs connaissances des hommes et des culottes.

Vous conviendrez du moins que, s'ils sont riches, ce sont des *riches honteux.*

Grâce à l'habitude qu'ont prise les lions de tous les temps de ne payèr leur tailleur qu'en monnaie de singe, ces infortunés, au lieu de se voir appliquer la désagréable épithète que je ne veux pas écrire, — auraient parfaitement le droit de prétendre qu'ils sont *volés*.

Et c'est ce qu'ils se disent souvent, lorsqu'après avoir livré des fournitures importantes à quelques individus qu'ils supposaient riches, parce qu'ils avaient des gants jaunes et l'air impertinent, — ils s'avisent de prendre des renseignements auprès de quelques-uns de leurs confrères déjà flibustés par ces messieurs!

Enfin un dernier préjugé qui est enraciné au moins aussi profondément dans la tête des provinciaux, c'est que les tailleurs de Paris payent des jeunes gens, des *mannequins*, comme ils disent, qui sont chargés de montrer aux Tuileries et dans toutes les autres promenades publiques les modes de leurs patrons !

Nécessairement alors, ces mannequins ont sur le dos un petit écriteau annonçant au public que l'habit ci-dessous a été coupé par *Humann* ou un autre tailleur à la mode ; car, sans cela, cette exhibition ne servirait absolument à rien.

On ne pourrait pas plus deviner le nom du tailleur de l'élégant, — que celui du brave homme qui a rassemblé et cousu les morceaux de drap qui forment ce que le provincial nomme aussi un habit.

Or, avez-vous souvent rencontré des écriteaux pareils ?

Autant vaut ajouter foi à cet autre préjugé du Calvados, d'après lequel bon nombre de nouveaux débarqués de la diligence Laffitte et Caillard ne passent jamais près d'un joueur d'orgue de Barbarie sans lui jeter un coup d'œil de mépris : — attendu qu'ils se sont laissé dire que tous ces pauvres diables étaient des agents de police déguisés !

Il faut avouer que le provincial pur-sang a quelquefois de drôles d'idées dans sa drôle de boule ! •

CHAPITRE III.

**Tous les tailleurs comprennent-ils la poésie
de leur profession ?**

Il faut bien l'avouer, quoiqu'il nous en coûte beaucoup, quelques tailleurs ne sont pas à la hauteur de la haute mission sociale dont les a chargés la Providence.

Ils ravalent leur noble profession au niveau d'un simple métier, ils se font tailleurs comme ils se seraient faits ferblantiers, marchands de contremarques ou percepteurs des contributions.

Mais après cela, il ne faut pas s'en étonner outre mesure : un régiment quelque brave qu'il soit compte toujours des *fricoteurs* qui ne profitent d'un combat que pour se faire une collection de montres et de bourses, — et toutes les danseuses de l'Opéra ne sont pas vertueuses. — Du moins on le dit !

Sous prétexte qu'en livrant à crédit on éprouve forcément des pertes, quelques tailleurs de notre mercantile époque se sont imaginé de ne plus travailler qu'au comptant.

Donnant, donnant, — d'une main ils livrent un habit et de l'autre main ils reçoivent cent francs — ou même ils commencent par avancer la main qui doit recevoir les cent francs ; — c'est du propre. — Je parle du procédé ; — après cela, je crois que la phrase pourrait aussi parfaitement s'appliquer à la main. — L'homme qui a une vilaine âme doit avoir un physique analogue.

Ils ne livreraient pas un gilet, un simple gilet, sans se le faire payer au comptant. — Pour peu que cela continue, ces industriels se feront même payer à l'avance ; et il faudra que ce soient les clients qui aillent prendre des informations auprès de la portière de leur tailleur pour savoir si ce monsieur est solvable, et si l'on peut espérer qu'il livrera le paletot qu'on lui a payé depuis quinze jours.

Si on appelle ça un progrès de la civilisation, je déclare formellement que je regrette les temps barbares où les tailleurs ne l'étaient pas.

Quand par hasard ces industriels (car nous répugnons à les décorer du beau nom de tailleurs), quand ces industriels, disons-nous, se trouvent avoir livré un habit dont le prix se fait attendre huit ou dix jours, ce ne sont plus des hommes, ce ne sont plus des gardes nationaux, — ce sont des lions, des tigres, des crocodiles, — et ils profèrent des blasphèmes et des jurons capables de faire rougir un pompier ou une écuyère du Cirque-Olympique.

Ils ne se donnent pas de repos qu'ils n'aient remis la main sur leur habit; et s'ils rencontrent leur débiteur sur le boulevard, ils se permettent de le dépouiller tout vif. — Procédé indélicat qu'on n'emploie pas à l'égard du lapin lui-même.

Ils ne lâchent pas leur homme qu'ils n'en ait tiré pied ou aile ; — mais la plupart du temps ils n'en tirent que les deux pans d'habit : — il est vrai qu'ils y gagnent un foulard.

Et après un fait pareil, ô homme féroce, tu voudrais que je t'appelasse *tailleur !*—jamais !

Et en punition de tes crimes, — car c'est un crime véritable que d'avoir ainsi porté atteinte au noble sacerdoce du *taillorat,* — sais-tu ce que je te souhaite ? — tiens, le voici, ce que je te souhaite, en levant les deux mains au plafond encore :

« Fasse le ciel que toutes les coutures de tes pantalons soient cousues avec du coton et que tout individu qui essaiera d'entrer dans tes vê-tements se trouve avoir un costume crevé et tailladé comme au moyen-âge, — moins le sa-tin de la doublure !

» Fasse le ciel que jamais tes boutons ne puissent vivre en bonne intelligence avec tes boutonnières !

» Fasse le ciel que tes draps ne soient que de la camelotte, que ton elbeuf ne soit pas d'El-beuf, que ton louviers ne soit pas de Lou-viers, et que ton sédan ait vu le jour dans la Picardie !

» Fasse le ciel que tes clients ne te payent au comptant qu'avec de vieux écus de six livres faux comme un *ut* du ténor de Carpentras, ou avec des sous fabriqués par le prince de Monaco !

» Fasse le ciel, enfin, qu'après deux années d'exercice, tu sois obligé de quitter ton magasin et d'aller te réfugier au fond d'une vieille loge, où du moins tu abdiqueras ton nom de tailleur pour ne plus répondre qu'à la qualification de *portier*, — de portier raccommodant avec une vieille aiguille les vieilles culottes de tes vieux locataires ! »

En voilà une, de malédiction !

CHAPITRE IV.

Des tribulations du tailleur.

'homme ne peut jamais arriver à goûter un parfait bonheur sur cette terre, qui depuis un temps immémorial a été qualifiée par une foule de poètes : — Vallée de larmes et de misère ! — Ce qui, comme vous le voyez, vous représente tout de suite un pays aussi humide que désagréable.

Le tailleur ne pouvait pas plus que tout autre échapper à cette triste influence de l'humanité ; — et bien plus : comme sa pratique constante des plus belles vertus sociales le rapproche beaucoup des saints les plus vénérés dans l'almanach, — suivant que nous l'avons déjà prouvé, — de même il devait aussi ressembler à ces mêmes personnages vénérables par le *martyre !*

De deux choses l'une : ou le tailleur a des clients, ou il n'en a pas.

S'il n'a pas de clients, il peut vivre dans une tranquillité assez agréable. Car, sauf le payement de ses billets en circulation, il n'a absolument rien à faire, — et, ne fournissant rien à personne, il ne court aucune chance de perte.

Mais s'il a des clients, il est en butte à une série de tribulations constantes et qui sont, tout au plus, compensées par un léger bénéfice de soixante ou quatre-vingts pour cent prélevé sur un habit ou sur un paletot.

Les clients du tailleur en renom se composent de deux grandes classes : — les bons qui ne payent pas souvent — et les mauvais qui ne payent pas du tout.

Car un usage reçu depuis long-temps dans la meilleure société exige qu'on ne songe à payer un habit que lorsqu'il est entièrement

usé, — tandis qu'on solde ses bottes avant qu'on
n'ait pu entrer totalement dedans.

Un tailleur doit toujours fournir avec em-
pressement tout ce que veut bien lui demander
M. le comte ou M. le baron , — sans oser, de
son côté, lui demander cent francs quand bien
même il en aurait le plus pressant besoin.

Heureux encore, quand, un beau matin, lorsque, prenant son courage et son mémoire à
deux mains, notre tailleur se décide enfin à

venir demander quelques légers à-compte sur une note monstre, — l'infortuné ne s'aperçoit pas qu'il a eu affaire à un baron de Wormspire !

Il en est pour ses frais de paletots, de pantalons et de mémoire !

Mais supposez que le tailleur n'ait à faire qu'à des gens payant exactement ce qu'ils doivent, — supposition bien gratuite comme vous voyez ; — notre industriel n'en reste pas moins exposé à une foule de tribulations de chaque jour, et, chose terrible ! il se voit obligé de les supporter en gardant toujours sur les lèvres un éternel sourire , tout comme s'il avait fait son apprentissage à l'école diplomatique de M. de Talleyrand.

Un vieux proverbe nous apprend que

> « Nul n'est content de sa fortune,
> » Ni mécontent de son esprit. »

Si la rime l'avait permis, le poète aurait pu dire tout aussi justement *ni mécontent de sa tournure.*

Il n'est peut-être pas un Français qui ne se trouve parfaitement bâti par la nature; et quand une redingote ne transforme pas notre jeune homme ou même notre jeune vieillard en un rival de Lafont ou d'Émile Taigny, c'est toujours la faute de l'infortuné tailleur.

Un homme serait-il bossu comme feu Mayeux, qu'il trouvera peut-être bien qu'il a une épaule un peu plus haute que l'autre; mais — ajoutera-t-il à son tailleur — ce n'est pas une raison pour que j'accepte cette redingote, qui pourrait faire croire que je suis bossu !

C'est surtout depuis l'invention des maisons de santé des docteurs orthopédiques, que les tribulations des tailleurs ont augmenté d'une manière désolante sous ce rapport.

Tous ces docteurs, après avoir mis leurs malades sur des lits mécaniques pendant six ou huit mois, les déclarent parfaitement guéris lorsqu'ils ont suffisamment aplati leur bourse, — et nos gaillards rentrent fiers comme Artaban dans une société dont ils sont loin de faire le plus bel ornement.

Aussi désormais, toutes les fois qu'ils essayent un habit avec leur tailleur, lui font-ils une véritable scène de véritable polichinelle, parce que cet habit a été coupé en dépit du sens commun et fait des plis dans le dos!

Quant aux pantalons, c'est bien pis encore !
— Grâce à la nouvelle mode , qui exige que
l'étoffe dessine exactement les formes et prenne
parfaitement le coude-pied , — le tailleur
se trouve dans un grand embarras quand on
n'a ni forme ni coude-pied , ce qui arrive à
huit individus sur dix. — Et ici on ne peut
même pas se sauver par la garniture !

Si monsieur entre trop difficilement dans son
pantalon, il n'en veut pas. — Et s'il y entre facilement , il en veut encore moins !

Vous voyez que la civilisation n'apporte aucun changement à nos modes et à nos ridicules,
c'est toujours l'histoire de M. de Boissec, du
temps de l'empire , ne voulant pas garder sa
culotte s'il peut entrer dedans !

CHAPITRE V.

Du caractère, du tempérament et des opinions politiques du tailleur.

ien n'est plus ridicule généralement que ces prétendues classifications dans lesquelles on veut faire rentrer forcément tous les habitants d'un pays, — ou tous les individus qui exercent telle ou telle profession.

On retombe tout naturellement dans la manie de ce brave touriste anglais qui, ayant vu à Tours, dans l'auberge où il était descendu pendant un instant pour déjeuner, une femme rousse et acariâtre, avait immédiatement inscrit sur les tablettes destinées à recueillir ses impressions de voyage : — « A Tours, toutes les femmes sont rousses et acariâtres ! »

Néanmoins, il est certaines professions, comme celle du tailleur, par exemple, qui finissent par influer petit à petit sur le tempérament, le ca-

ractère et les habitudes de l'homme qui s'y est
livré ; — et cela est tellement vrai, qu'il ne faut
pas être un observateur bien profond pour distinguer dans la rue, et au premier coup d'œil,
un tailleur entre vingt autres individus qui cir-
culent sur le même trottoir : — en supposant,
bien entendu, qu'il ne soit pas orné du classi-
que foulard gonflé d'un pantalon ou d'un habit ;
— autrement, le mérite de la reconnaissance
physiognomonique ne serait pas grand.

Parlons d'abord du tempérament.

Le tempérament du tailleur est généralement *maigroso-paloso-politoso-nerveux*, surtout quand ce tailleur n'est devenu chef de maison qu'après avoir, pendant longues années, cultivé lui-même l'aiguille sur l'établi de douleur.

Rien n'est moins propice à la santé et aux joues florissantes que de rester accroupi pendant dix heures par jour en tenant le nez à une distance de cinq à six pouces des genoux.

Cette position peut paraître agréable aux musulmans qui fument ainsi la pipe pendant trente minutes ; — mais au moins ont-ils pour circonstances atténuantes d'excellents coussins et de délicieux tabac, — ce qui est assez dire qu'il n'est pas de la régie française.

L'ouvrier tailleur a beau chercher à se redresser ; ses épaules tendent toujours à prendre une courbe toute particulière, qui est peu favorable au développement des poumons.

Ainsi donc la maigreur et la pâleur de ces industriels doivent encore venir en ligne de compte dans l'addition des vertus que nous avons déjà reconnues appartenir à ces bienfaiteurs de l'humanité, qui ne reculent pas aussi devant la perte de leur santé pour fournir de bienfaisantes culottes à leurs semblables.

Respect à la mauvaise mine du tailleur !

Quant à l'épithète de *politoso*, si nous l'avons accolée aux autres épithètes qui servent à caractériser son tempérament, c'est que la politesse fait pour ainsi dire partie intégrante de la constitution du tailleur. — On trouverait plus facilement un merle blanc ou une danseuse incorruptible qu'un tailleur impoli ; il est poli dans tout, même dans ses manières de sonner ;

et quand il se décide à prévenir un jeune homme
très en retard dans le payement de ses billets,
qu'il va le faire insérer dans le monument national, situé rue de Clichy, c'est toujours en y
mettant les formes les plus agréables et en lui ju-
rant ses grands dieux qu'il a le cœur navré. — Ce
qui est vrai au fond, car il est désolé de voir
feu ses paletots et feu ses culottes n'être plus
que des ombres légères et impalpables.

Ce qui ajoute encore généralement au mauvais teint du tailleur (et nous parlons ici spécialement de l'ouvrier tailleur), c'est qu'il est presque toujours natif de l'Alsace ou de l'Allemagne; contrées qui affectionnent beaucoup la nuance *blond-cendré* pour la chevelure de leurs enfants, — à moins que ce ne soit le *blond filasse*.

En outre cette même Allemagne donne à sa progéniture un goût très-prononcé pour la bière et pour les tyroliennes , — genre de romances écrites primitivement pour des chats amoureux. — Ce qui ne les empêche pas du reste d'affectionner aussi la bière et le billard.

Toutes les fois que le soir on entend chanter, dans les rues qui aboutissent aux barrières, des buveurs qui se livrent à des gargouillements de gosier totalement inusités en France, on peut être certain que ce sont des ouvriers tailleurs en goguette.

Les autres buveurs français se contentent de chanter la *Parisienne* sur l'air de la *Marseillaise*, — et *vice versa*.

Les orgues de Barbarie, que l'on nomme le Conservatoire de musique du peuple, ont furieusement de mal à former des élèves tant soit peu distingués. — Mais enfin il faut espérer que cela viendra un jour !

Ce qui sert encore à faire reconnaître parfaitement l'ouvrier tailleur de tous les autres personnages , même aujourd'hui où tout le monde porte un costume à peu près pareil, — c'est que la coupe de son collet est toujours à la dernière mode ; — il retouche dix fois la même redingote , mais, par malheur, le drap ne se laisse pas rafraîchir aussi facilement. — En outre, quelque bien mis qu'il soit, l'ouvrier tailleur a le défaut d'avoir toujours un chapeau qui n'est pas irréprochable, et des bottes qui laissent beaucoup à désirer. — Quant aux gants, il les regarde comme un préjugé. — Il les remplace par une petite badine ; c'est moins bien porté , mais ça dure beaucoup plus long-temps !

Par exemple , pendant l'hiver , il brille dans les bals masqués, — il a toujours un costume, attendu que la façon ne lui coûte rien et que les divers fragments d'étoffe dont il compose son travestissement chicard ne lui coûtent pas davantage.

Ce qui contribue encore infiniment à agir sur le tempérament nerveux du maître-tailleur, et ce qui remplace pour lui la position accroupie à laquelle il n'est pas astreint physiquement, — c'est que son moral est toujours à la torture.

Quand il ne lui arrive pas de clients , il se ronge les sens et les ongles en se disant : — Voilà toutes mes planches qui sont encombrées de pièces de drap, et je ne vends rien; je crains bien de faire faillite !

Et une fois que les clients sont arrivés , — puis partis avec toutes sortes de vêtements confectionnés, notre homme se ronge les ongles de plus belle en se récriant : — Saperlotte ! voilà tout mon drap parti, et je ne sais pas quand mon argent rentrera ; décidément je ferai faillite !

Ayez donc la fraîcheur de la rose, quand pendant les douze mois de l'année tout ce que vous avez de bile se trouve en mouvement de la sorte !

Quant aux opinions politiques des tailleurs, — il est à remarquer que, du moment où de simples ouvriers ils passent maîtres de maison , ils changent de manière de voir , et tendent à l'aristocratie , attendu qu'ils comprennent par-

faitement qu'ils ne vivent que du luxe de certaines classes de la société.

Quant aux simples ouvriers tailleurs, ils sont
presque tous d'une opinion excessivement avan-
cée ; et sur un rassemblement de cinq cents
émeutiers ou charivariseurs quelconques, on
peut compter toujours au moins, à Paris du
moins, deux cents ouvriers tailleurs : — attendu
que les uns y vont crier par conviction , et les
autres parce que c'est encore pour eux une
manière de chanter leurs tyroliennes chéries.

Et pourtant, franchement, s'il est dans la société une classe qui doive craindre de voir tous les hommes devenir *sans culottes* , n'est-ce pas la classe des tailleurs ?

A moins que, par suite d'une finesse digne de M. de Talleyrand, ils n'engagent ainsi tous les Parisiens à se dépouiller de ces culottes, symbole de l'esclavage, et à les brûler à tout jamais, — que pour avoir l'agrément et le profit de leur en confectionner de nouvelles aux premières approches de l'hiver !

Ceci serait de la haute. . politique !

CHAPITRE VI.

Du nombre des tailleurs à Paris.

uand vous flanez dans la rue Richelieu ou dans l'une des rues environnantes, — à moins que vous n'ayez l'habitude de ne regarder que les pavés, ce qui est assez monotone, et n'est guère que le propre du mathématicien ou de l'homme qui réfléchit comment il pourra payer le lendemain un billet de cent écus avec un effectif de trois francs quinze sous, — quand vous flanez dans ce brillant quartier, disons-nous, vous devez remarquer chaque fois, et avec un étonnement toujours nouveau, l'immense quantité d'enseignes qui portent un nom quelconque escorté de l'épithète de *tailleur*.

Des renseignements de statistique pris auprès d'un savant très-expert dans la matière,— et qui, par conséquent, n'est pas M. Ch. Dupin,— nous ont appris qu'il y avait à Paris trois mille *maîtres-tailleurs* — et environ trente mille ouvriers-tailleurs. — Eh bien ! sur ces trois mille maisons on en compte environ deux cents bonnes, cinq ou six cents médiocres, et toutes les autres sont dans d'assez vilains draps, — quand elles peuvent même s'en fournir.

Ainsi jugez de la justesse du préjugé provincial.

Après cela vous me direz : Comment diable huit cent mille Parisiens peuvent-ils suffire à donner de l'occupation à trente-trois mille tailleurs? — Et notez bien que sur ces huit cent mille Parisiens en question on compte quatre cent mille *Parisiennes* — et environ cinquante mille jeunes moutards qui n'ont pas encore endossé leur toge virile représentée par des culottes.

Ainsi le total des gens susceptibles d'être des clients pour les tailleurs de la capitale n'offre qu'un effectif de trois cent cinquante mille individus dont cent mille au moins restent *voués au bleu* pendant toute leur vie, et ne portent

que des bourgerons ou des blouses presque sans
autres accessoires.

Aussi n'est-ce pas seulement Paris qui exerce
les ciseaux et les aiguilles des tailleurs parisiens : — ils sont les fournisseurs brevetés de
toute la France. — Que dis-je, de la France ? —

de l'Europe ! — Que dis-je, de l'Europe ? — du monde ! — Que dis-je.... mais non cependant, je crois qu'ils ne fournissent que cela.

C'est tout au plus si le quart des habits d'*Humann* restent à Paris : — ils émigrent journellement pour Berlin, Londres, Madrid, — et surtout pour Saint-Pétersbourg, le Paris de la Russie.

Et de même, presque toutes les autres maisons qui marchent plus ou moins bien sur les traces de l'arbitre de la mode expédient sur toute la France des caisses qui doivent aller donner le ton de Paris à tous les merveilleux de province.

Et c'est ce qui vous explique comment les trente-trois mille tailleurs de Paris n'en sont pas encore réduits tout-à-fait, pour vivre, à se dévorer entre eux comme ces monstres qui habitent le vinaigre, et que l'on voit se livrer à ces jeux de cannibales à l'aide d'un *microscope à gaz*.

Après cela, je ne parierais pas que les tailleurs eux-mêmes n'en vinssent à ce genre de divertissement : car s'ils ne s'aiment guère entre eux, en revanche ils se détestent beaucoup ;— et ils ne se rencontrent pas dans la société, ou sur l'asphalte des trottoirs, sans se lancer réciproquement des regards de crocodiles !..

C'est-à-dire que c'est réellement effrayant, et aucune autre profession ne voit s'élever une concurrence aussi prodigieuse. — Telle maison de la rue Richelieu surtout n'est habitée de fond en comble que par ces industriels : — au 1er, tailleur ;—au 2e, retailleur ;—au 3e, *idem ;* et au 4e, *reidem !*—Sans compter qu'on aperçoit encore au 5e et au 6e de petites enseignes qu'on ne peut déchiffrer à l'œil nu, mais où les astronomes doivent lire : — *Tailleur*, — comme ci-dessous !

Et notez bien que ce n'est pas seulement dans ce quartier que se sont donné rendez-vous tous les tailleurs de la capitale : — allez dans la rue Saint-Denis ou dans la rue Dauphine, — dans le faubourg Saint-Honoré ou dans les environs de la Place-Royale, et vous apercevez pareillement de gigantesques lettres jaunes dont l'assemblement vous redonne — partout et toujours — l'indication du domicile d'un tailleur.

Bien plus : entrez dans une maison privée par hasard d'une de ces enseignes, et je parie que vous tombez alors dans une loge de portier ornée d'une table, laquelle table sera elle-même ornée d'un tailleur !

C'est cet inexplicable acharnement d'une foule de Français à embrasser cette même profession qui continue à faire croire aux provinciaux que tous les tailleurs font une fortune colossale dans l'espace de cinq ou six ans, et marient leurs filles à des agents de change — quand elles ne deviennent même pas des *pairesses* de France !

CHAPITRE VII.

Quelques mots sur les spéciaux.

e toutes les modes plus ou moins ridicules que nous avons vues naître en France depuis quelques années, il n'en est pas qui se soit plus universellement répandue chez tous les industriels français que la mode de la *spécialité*.

En quelques mois nous avons vu s'établir des pharmaciens spéciaux ne vendant qu'une espèce de drogue, soit pour les dents, soit pour les yeux (plus généralement pour les dents, les pharmaciens ayant beaucoup plus de bénéfice à ce qu'il paraît en n'ayant affaire qu'à des mâchoires); ou des chapelleries spéciales, où l'on ne vend que des chapeaux sur lesquels on doit s'asseoir lorsqu'on va en société; ou des boulangeries spéciales, où l'on ne vend que de petites tartes aux cerises, etc., etc.

Les tailleurs, qui sont tout naturellement et par profession à la piste de toute espèce de modes, ne pouvaient manquer d'adopter bien vite celle-là; aussi a-t-on vu s'ouvrir de tous côtés des boutiques magnifiques où des tailleurs excessivement spéciaux ne vendent qu'une seule espèce de vêtement.

Ici vous voyez une collection de gilets qui ont pour spécialité spéciale d'être excessivement chers.

Là, vous admirez des myriades de pantalons.

Plus loin vous trouverez un tailleur qui a la monomanie des robes de chambre, et qui ne vous confectionnerait pas une culotte quand même vous offririez de la payer au poids de l'or.

Enfin tel n'a consacré ses veilles qu'à perfectionner la coupe de la grande et petite livrée.

de messieurs les domestiques, pendant que tel

autre cultive l'habit à la française.

Ces messieurs qui se sont ainsi dévoués à l'une des branches de leur art, vous disent gravement que ce n'est pas trop de la vie entière d'un homme pour étudier convenablement la coupe d'un habit ou d'un gilet.

Aussi chacun de ces tailleurs spéciaux ne considère l'humanité qu'au point de vue de sa spécialité ; ils sacrifient tout au vêtement auquel ils ont voué leurs veilles et leurs ciseaux , et chacun d'eux vous prouve que *l'homme comme il faut* ne se distingue réellement que par le soin qu'il apporte à telle ou telle partie de sa toilette.

Le giletier vous assurera qu'on peut avoir un pantalon vulgaire pourvu que l'on ait quinze ou dix-huit gilets dans sa commode, — attendu que *le gilet c'est l'homme !*

Le pantalonier au contraire vous jurera ses grands dieux que l'habit et le gilet ne signifient absolument rien , et que le pantalon seul est la véritable pierre de touche qui sert à faire reconnaître l'élégant véritable de tous les dandys de contrebande ; — ce qui fait qu'on ne saurait payer trop cher un pantalon bien fait : — or, auprès des siens , on peut juger tout de suite qu'ils doivent être admirablement confectionnés.

Par exemple, lorsque vous essayez de mettre votre emplette vous remarquez avec peine que la botte ne peut pas entrer : — mais il n'y a pas à en faire des reproches au tailleur , il vous répondrait que c'est encore une *spécialité*.

Il est de fait que les pantalons qu'on ne peut pas mettre doivent durer beaucoup plus longtemps que les autres. — Et si on tient absolument à les porter, on les porte sous le bras.

Pour peu que cette mode de spécialités continue, on trouvera des tailleurs qui ne confectionneront que la manche droite d'un habit, et un autre tailleur se chargera de la manche gauche.

Mais, de tous les spéciaux, le tailleur pour chemises est celui qui mérite la palme, jusqu'à ce jour, pour l'originalité de sa coupe et de ses enseignes ; — aussi n'est-ce pas trop que de consacrer à cette curieuse spécialité un chapitre non moins spécial.

Que n'invente pas Mercure, le dieu du commerce de tous les temps et de tous les pays !

CHAPITRE VIII.

Le chemisier.

U n bourgeois entre deux âges, portant de la flanelle, un parapluie chocolat, un chapeau gris et un air candide, se décide à s'introduire dans une boutique de chemisier après avoir long-temps regardé l'enseigne en lettres d'or : *Au vrai prix fixe;* les mannequins en carton et tous les autres accessoires indispensables à l'exploitation de cette industrie... Un monsieur, au linge très-blanc, vient au-devant du bourgeois, et alors s'établit invariablement le dialogue suivant :

LE BOURGEOIS. — Monsieur, je désirerais une chemise à prix fixe.

LE CHEMISIER. — Très-bien, monsieur... nous avons des chemises depuis cinquante francs jusqu'à cinq cents francs.

LE BOURGEOIS. — La douzaine?

LE CHEMISIER. — Pièce, monsieur... pièce !

LE BOURGEOIS. — Diable! c'est un peu cher.

LE CHEMISIER. — Ah, monsieur, ne dites pas cela ! vous faites tort à vos connaissances !... on ne saurait payer trop cher une chemise bien faite, il n'y a plus que la chemise qui serve aujourd'hui à distinguer l'homme comme il faut du manant. Tout le monde porte un habit en drap plus ou moins elbeuf, le chapeau de soie couvre la tête de l'agent de change comme la tête du marchand d'allumettes chimiques allemandes ; il faudrait n'avoir pas vingt-neuf sous dans sa poche pour se passer d'une paire de gants jaunes, etc., mais l'homme comme il faut porte seul de la toile de Hollande. Enfin , monsieur, je ne puis mieux me résumer qu'en vous disant avec un de nos plus célèbres auteurs : « La chemise c'est l'homme. »

LE BOURGEOIS. — Ah çà ! elles sont donc bien merveilleuses, vos chemises?

Le Chemisier, *se rengorgeant*. — Si elles
sont merveilleuses?... c'est-à-dire qu'avant moi
on ne se doutait pas de ce que c'était qu'une
chemise! c'était un paletot blanc et voilà tout :
on ne peut pas se figurer ce qu'il m'a fallu
dépenser de génie et de calicot pour arriver à
la coupe de la véritable chemise française...
car je suis le seul inventeur de la spécialité.

Le Bourgeois. — Tiens, tiens!... j'ai vu

cependant au moins trois cents enseignes où on lit en lettres rouges : *Seul inventeur de la spécialité.*

LE CHEMISIER. — Ce sont des charlatans !

LE BOURGEOIS. — Je suis de votre avis, monsieur... mais revenons à notre affaire : je vous disais donc que je voulais une chemise à prix fixe.

LE CHEMISIER *prenant ses mesures.* — Je suis à vos ordres, monsieur... Mais d'abord quel genre de chemise voulez-vous ? Nous avons la chemise à gros plis, la chemise à petits plis, la chemise à jabot, la chemise sans jabot, la chemise qui se boutonne par-devant, la chemise qui se boutonne de côté, la chemise qui se met par la tête, la chemise qui se met par les pieds...

LE BOURGEOIS. — Vous avez peut-être la chemise qui ne se met pas du tout !... Du reste, pour commencer, je me contenterai d'une légère chemise de cinquante francs... Faites-m'en une que je puisse mettre... Une jolie petite chemise de société.

LE CHEMISIER. — Cinquante francs, c'est bien peu... Vous aurez tout ce qu'il y a de plus simple en calicot. Voyons, monsieur, il s'agit de prendre mesure et nous allons procéder à cette opération avec tout le soin qu'elle mérite. Monsieur désire-t-il une chemise d'été ou une chemise d'hiver?

LE BOURGEOIS. — Mais d'hiver et d'été.

LE CHEMISIER *écrivant sur son carnet.* — Très-bien... Une chemise des quatre saisons. Ce sera quinze francs de plus pour la façon. (*Faisant le tour du bourgeois avec une mesure*). Monsieur aime-t-il à être serré dans ses vêtements?

LE BOURGEOIS. — Mais... je ne sais, j'aime à m'y trouver bien. Je ne serais pas fâché que ma chemise me dessinât la taille.

LE CHEMISIER. —Très-bien, monsieur, (*écrivant*) une chemise à taille; ce sera sept francs de plus pour la façon... Lorsque monsieur se promène avec des dames, donne-t-il le bras droit ou le bras gauche?

LE BOURGEOIS. — Le bras droit. Mais pourquoi cette demande?

LE CHEMISIER. — Très-bien... En ce cas, nous tiendrons la manche du bras droit un peu plus large et le bouton du poignet cousu avec plus de solidité... Ce sera cinquante sous de plus.

LE BOURGEOIS *à part*. — Ah çà, mais !... Ah çà, mais !...

LE CHEMISIER. — Monsieur éternue-t-il souvent?

LE BOURGEOIS. — J'éternue toutes les fois que j'en ai envie... Mes moyens me permettent de satisfaire tous mes caprices.

LE CHEMISIER. — Très-bien, monsieur... mais avez-vous souvent envie d'éternuer?

LE BOURGEOIS. — Ah! vous me faites là une question embarrassante... Je ne marque pas sur mon calendrier tous les jours où j'éternue; puis je ne vois pas quel rapport un rhume de cerveau peut avoir avec une chemise.

LE CHEMISIER. — Erreur, monsieur ! grande erreur ! cela a le plus intime rapport... Toutes les fois que vous éternuez, votre tête se livre à un mouvement convulsif, les nerfs de votre cou se tendent, les veines se gonflent, et il faut que le col de la chemise se prête facilement à ce mouvement; car, sans cela, vous auriez une attaque d'apoplexie... ou, chose non moins grave, le bouton de votre chemise viendrait à sauter.

LE BOURGEOIS.—Diable ! diable ! tenez alors le col de chemise très-large !... Ne me serrez pas le bouton.

LE CHEMISIER *écrivant sur son carnet.* — Chemise des quatre saisons, à poignet renforcé, à col très large, ce sera quatre francs dix sous de plus.

LE BOURGEOIS. — Toujours quatre francs, six francs, dix francs de plus... A ce compte, ma chemise de cinquante francs va me revenir à cent francs, si cela continue!... *A part.* Décidément, je suis fâché d'avoir donné ma pratique à ce monsieur-là. *Haut.* Mais, j'y pense,

si je fournissais le calicot, combien me pren-
driez-vous ?

LE CHEMISIER. — Vous avez parfaitement le
droit de fournir votre calicot, je ne vous pren-
drai pas un sou de plus.

Du *chemisier* français tel est le caractère.

LE BOURGEOIS. — Il est charmant, il ne me
prendra pas un sou de plus... Mais je veux un
rabais. Sans cela vous comprenez que je ne
tiens pas le moins du monde à fournir mon
étoffe.

LE CHEMISIER. — Oh, monsieur! pour nous
l'étoffe n'est rien, la façon est tout... Nous disions donc que votre chemise vous coûtera
soixante-dix-sept francs. Je vous la livrerai dans
un mois. Vous aurez la complaisance de passer
tous les cinq jours à l'atelier pour l'essayer.
Vous entendez? tous les cinq jours bien exactement ; sans cela je ne vous garantis pas que
votre chemise vous ira parfaitement.

LE BOURGEOIS. — Comment! il faudra que
je passe tous les cinq jours... pour essayer une
chemise à prix fixe? *A part.* Allons, décidément je suis fâché d'avoir donné ma pratique à
ce gaillard-là... j'aimais mieux les chemises à

six francs !... c'était moins cher — mais c'était meilleur.

(Au bout de cinq jours notre bourgeois revient au magasin de notre industriel pour essayer cette fameuse chemise *spéciale*, — et il se trouve que cette chemise lui va parfaitement... comme *brassière !*)

CHAPITRE IX.

Le tailleur à la mode.

out tailleur a la prétention d'être ou au moins de devenir le tailleur à la mode. — Nous approuvons ce noble orgueil quand il reste dans de raisonnables limites; — mais malheureusement, c'est surtout en fait de tailleur à la mode qu'on peut dire avec La Fontaine :

Rien de plus commun que le nom ,
Rien de plus rare que la chose.

Ouvrez n'importe quel petit journal de modes, tiré à cinquante exemplaires, et vous trouverez dans chacune de ces feuilles la recommandation d'une maison spéciale, qui *seule* a l'heureux privilége de donner le ton à la mode.

Sans compter que la plupart de ces farceurs se font leur article à eux-mêmes, et du premier coup s'intitulent : — *Notre célèbre tailleur Krakenkof*, — ou tout autre nom plus ou moins kalmouck.

Ce qui n'empêche que les lecteurs qui tombent par hasard sur ces journaux plus ou moins inconnus, ne manquent pas de s'écrier : — Ah ! diable, il est question de *notre célèbre tailleur Krakenkof!* —Connais pas !

Et ce qu'il y a de plus triste pour Krakenkof, c'est que les lecteurs n'ont nullement l'intention de pousser plus loin la connaissance.

Du reste, il faut reconnaître que la plupart du temps, ces célébrités de *réclame* finissent par être punies par où elles ont péché ; — le *célèbre Krakenkof* ne tarde pas à se voir assailli d'une foule de propositions des trois cent quatre-vingt-cinq petits journaux de modes de Paris, qui viennent tous lui offrir le secours de leur publicité :—et comme sa bourse ne pourrait pas suffire à tant de gloire, il ne tarde pas à être *démoli* par la *Casquette de Loutre*, revue du grand monde; le *Papillon*, journal des salons; et il n'est pas jusqu'à la *Gazette des Perruquiers* qui ne passe son fer le plus long à travers la célébrité de l'infortuné Krakenkof !

C'est une des choses les plus difficiles pour un tailleur que d'arriver à une véritable renommée ; car les dandys pur-sang n'accordent pas à la légère l'honneur de leur confectionner un habit ou un pantalon qui doit les faire briller au balcon de l'Opéra : — c'est trop sérieux pour qu'on n'y regarde pas à plusieurs fois.

C'est même cette difficulté qui a donné l'idée à bon nombre de tailleurs de ne cultiver qu'une branche de leur art, pour arriver du moins ainsi à se faire une réputation dans cette spécialité.

Mais c'est ainsi faire preuve tout d'abord d'une sorte d'impuissance ; car le génie véritable doit être assez vaste pour embrasser toutes les coupes, — depuis la redingote jusqu'à l'habit à la française, — depuis le gilet jusqu'à

la robe de chambre,— depuis le paletot jusqu'à l'amazone.

De plus il faut que le tailleur à la mode qui aspire à n'avoir pas une royauté passagère marche toujours en tête du progrès, sans cependant tomber jamais dans cette exagération ridicule qui ne serait plus que la caricature de la mode.

Enfin il faut qu'il ait fait une étude approfondie non seulement en fait d'anatomie et de
physiognomonie, pour costumer chaque individu
suivant sa structure et son genre de beauté, —

ou l'aider à dissimuler adroitement les défauts
de la nature; — mais il faut encore qu'il ait
fait une étude non moins approfondie du costume français aux différentes époques de
l'histoire.

Si ce bon monsieur Jourdain nous entendait, il ne manquerait pas de s'écrier avec admiration : — *Que de choses dans la coupe d'un habit !* — Et pourtant, rien n'est plus vrai.

Le costume français actuel est si mesquin, si étriqué, offre si peu de ressources par l'exiguité de l'étoffe et par la monotonie des couleurs, qu'il faut être un peu homme de génie et tout à fait un homme de goût pour parvenir à trouver de nouvelles combinaisons ingénieuses dans la coupe d'un habit de drap noir.

Et c'est ce qui vous explique comment au milieu de tous nos *célèbres tailleurs* à la mode il n'en existe qu'un seul qui reste toujours également à la mode, — et je n'ai pas besoin de vous dire qu'il se nomme *Humann.*

Quant à la plupart des autres, ils se cassent journellement la tête pour imaginer des *modes nouvelles* de la manière que nous allons les décrire dans le chapitre suivant.

CHAPITRE X.

Des prétendues modes nouvelles.

U n curieux spectacle doit être celui qu'offrent un tailleur, une modiste ou un chemisier enfermés dans leur cabinet de travail pour donner essor à leur génie. — Car les chemisiers , les modistes ou les tailleurs ont leur cabinet dit de travail ; — c'est dans ce sanctuaire impénétrable que s'établissent toutes les coupes qui aspirent à faire révolution. Le Français, né malin, ne s'est pas contenté de créer le vaudeville, la fricassée de poulet et la guillotine ; il a encore la prétention d'inventer toutes les modes nouvelles qui doivent donner le ton à l'Europe dandynisée.

Ce qu'il y a de plus joli dans l'affaire, c'est que le génie inventif de la plupart des tailleurs n'invente absolument rien ; il paraît qu'ils sont pleinement satisfaits de la richesse et de l'élégance du costume français actuel : cela prouve qu'ils ne sont pas difficiles. Seulement, à chaque changement de saison, tel tailleur entre dans son cabinet, se met la tête entre les mains, réfléchit pendant six heures et invente de mettre de petits boutons, tout au plus larges comme des pièces de dix sous, à la place des gros boutons qui semblaient avoir été empruntés à la veste de Debureau.

Quatre mois après, le même tailleur rentre dans son même cabinet, lève les yeux au plafond, et après six heures de migraines se décide à découdre les petits boutons pour recoudre les gros. — Voilà ce que les poètes appellent les caprices de la mode.

C'était, parbleu! bien la peine de contempler
le plafond pendant six heures pour inventer de
pareilles nouveautés!

Or notez que la manière de procéder est
toujours la même : on saute d'un extrême à
l'autre, comme un pair de France ou comme un
journal vendu.

Pendant ces derniers temps, les pantalons
semblaient n'être confectionnés que pour servir
d'étui à des parapluies ; c'était gênant, horrible,

aujourd'hui on retombe, sans transition, dans les pantalons cosaques d'il y a quatre ans... inno-

vation. Au mois d'octobre prochain, vous pouvez être certain qu'on reviendra au genre fourreau de parapluie qui, alors, sera reçu comme création excessivement nouvelle.

Je ne serais même pas étonné que le tailleur qui remettra ce genre d'étuis à la mode ne

prenne un brevet d'invention, — toujours vu
la grande nouvèauté.

Par exemple, nous assistons en ce moment
au beau idéal de l'espèce : nous voulons parler
des redingotes dont les jeunes gens se croient
couverts, lesdites redingotes seraient refusées,
comme beaucoup trop courtes, par tous les

peuples habitués à porter des vestes tant soit peu longues.

Il est vrai qu'en revanche les habits actuels sont tellement longs qu'ils peuvent parfaitement passer pour des redingotes à la propriétaire. De plus, le grand mérite de ces habits consiste à être confectionnés avec un drap vert nuancé de gris qui a toujours l'air de ne pas avoir été brossé ; — c'est aussi laid que distingué.

Du reste il est entendu que le tailleur fait payer un habit vert cent vingt francs parce qu'il est très-long, et une redingote noire cent trente francs parce qu'elle est très-courte.

Les tailleurs de Paris ont une logique désespérante : ils trouvent toujours moyen de vous prouver que l'habit qu'ils vous apportent vaut dix francs de plus que l'habit qu'ils vous ont confectionné il y a six mois. Je ne sais vraiment pas où cela s'arrêtera. Il y a des moments où l'on regrette de ne pas avoir vécu à l'époque où d'une simple feuille de vigne on trouvait moyen de tirer habit, veste et culotte. C'était simple, mais bien porté — et surtout économique.

Il y avait loin de cette mode primitive au sac dont les Français devaient s'affubler cinq mille ans après, sous le nom de paletot. Voilà encore un vêtement qui a prouvé le génie des tailleurs parisiens; non parce qu'ils l'ont emprunté aux matelots de la Bretagne, mais parce qu'ils ont trouvé moyen de faire payer le gros drap pilote encore plus cher que le drap cachemire.

Les réflexions philosophiques auxquelles nous venons de nous livrer à propos des tailleurs doivent s'appliquer également aux modistes, aux couturières, aux chapeliers, aux selliers, enfin à tous les industriels qui sont censés inventer, chaque année, une foule de modes nouvelles. On retombe invariablement des chapeaux bibis aux chapeaux monstres, des manches plates aux manches à gigots ; les modes du mois dernier sont décrétées horribles aujourd'hui, pour être redécrétées charmantes le mois suivant.

Ainsi, l'été dernier, toutes les voitures étaient suspendues sur des ressorts qui élevaient la caisse à une hauteur démesurée ; les cochers se cognaient la tête à tous les réverbères, c'était délicieux. — Actuellement les voitures du meilleur genre sont à fleur de terre, ou mieux encore à fleur de ruisseau, et ce sont les piétons qui éclaboussent les gens en voiture. Vous verrez qu'avant le mois de janvier il fau-

dra monter dix-huit marches avant d'entrer
dans une calèche. Le gamin de Paris est mille
fois plus sage et plus philosophe que tous les
dandys du boulevard de Gand ; il reste fidèle
à son costume, lui : il est vrai qu'il a une foule
de raisons pour ne pas en changer, — et quand
par hasard il touche des fonds, il les emploie à
faire des achats... de pommes de terres frites
— dont il ne fait pas des envois dans les dépar-
tements.

CHAPITRE XI.

Un logogriphe social.

armi les nombreux logogriphes sociaux qui se présentent chaque jour aux yeux d'un flaneur parisien, et dont il cherche vainement le mot, il en est peu qui aient plus souvent exercé ma sagacité et ma patience que le logogriphe du tailleur qui paye un loyer énorme au Palais-Royal, ou dans les passages les plus fréquentés, pour ne vendre que des habits confectionnés.

Quand nous disons pour *vendre* nous nous exprimons mal, car, s'il en était ainsi, il n'y aurait plus le moindre logogriphe ; nous devrions donc écrire : pour *ne pas vendre* des vêtements tout confectionnés.

Nous n'avons jamais pû deviner dans quelle classe de la société ces industriels pouvaient trouver un débouché pour leurs marchandises, — et encore ne s'agit-il pas seulement de trouver une petite classe très-limitée ; car ces magasins n'annoncent jamais qu'une vente de *douze mille* ou *quinze mille* paletots, — sans compter les habits, les pantalons et les gilets qui sont à l'avenant !

Du reste, ils vendent tellement qu'ils ont toujours le temps de lire des romans nouveaux à la porte de leur boutique.

Nous comprenons que l'on puisse avoir un

assortiment de robes de chambre toutes con-
fectionnées, attendu que la mode n'a pas encore exigé que ces vêtements vous gênassent
beaucoup; — et en ayant trois ou quatre mesures différentes, on peut contenter à peu près
tous les goûts et toutes les tailles.

Mais les habits ! — mais les gilets ! — mais
les redingotes !

On a déjà tant de mal à parvenir à se trouver joli garçon avec un vêtement que l'on a essayé cinq ou six fois, et auquel le tailleur a fait
autant de retouches, qu'il faudrait être vraiment favorisé du destin pour tomber ainsi du
premier coup sur un habit, ou plutôt dans un
habit qui vous costumât parfaitement.

Il est vrai que le marchand est toujours dans
l'extase et ne manque jamais de vous dire que
c'est merveilleux, et que son habit vous va
comme un *gant;* — mais pour peu que l'acheteur eût du bon sens, il pourrait lui répondre
qu'il aimerait mieux qu'il lui allât comme un
habit !

Et puis vous conviendrez qu'il faut être furieusement pressé ou nerveux, si, s'étant mis
dans la tête qu'on veut se donner une redingote
neuve, on ne se donne pas la peine d'attendre

qu'un tailleur prenne quarante-huit heures pour confectionner le vêtement demandé ; — à moins d'avoir des raisons toutes particulières de changer immédiatement d'elbeuf, — comme, par exemple, si, ayant commis un mauvais coup, l'œil de la police, ne vous ayant vu que dans le dos, a donné ordre à ses alguazils d'arrêter partout votre paletot dont suit le signalement :

Nuance — marron ,
Taille — très-basse,
Coudes — blanchis sur les coutures.
Signe particulier, — une pièce sous l'aisselle droite, etc.

Mais, passé ce cas, nous ne voyons plus comme susceptibles d'acheter ces objets que les provinciaux qui traversent Paris sans même y coucher une seule nuit, et qui sont bien aises de rapporter dans leur pays les modes de la grande ville, — et qui reviennent chez eux avec des redingotes comme réellement on n'en porte pas dans leur chef-lieu, — et pas même à Paris ! Mais ils ont l'agrément de se dire qu'ils l'ont achetée à Paris, et au Palais-Royal encore ! — quartier qui passe toujours pour le centre de la civilisation européenne.

Avant que le gouvernement ne se fût décidé à supprimer les maisons de jeu, les tailleurs des arcades du Palais-Royal avaient presque tous les jours de bonnes aubaines : — tel individu qui sortait de la roulette avéc deux ou trois mille francs et un habit excessivement râpé, n'avait rien de plus pressé que de jouir enfin de toutes les voluptés de la vie. — Il commençait tout d'abord par faire peau neuve :—habit, veste et culotte,—rien ne manquait à sa toilette : — et même c'était très-bien vu ; car souvent, le soir, c'était tout ce qui lui restait de sa fortune du matin, — sa martingale pour faire sauter la banque n'ayant définitivement réussi qu'à faire sauter tout son bénéfice du matin.— O martingale, voilà de tes coups !

Les tailleurs pour enfants ont encore quelque chance de vente, car dans notre siècle on grandit très-vite; et les jeunes moutards auxquels on prend mesure pour leur confectionner un habit qu'on ne leur livre qu'au bout de trois semaines, se trouvent n'avoir qu'une veste, qui encore est trop étroite.

En province, on n'a pas cet inconvénient. Régle générale, les enfants ne sont vêtus que de la défroque de leur papa ou même de leur

grand-papa ; — de même que les jeunes personnes sont chargées d'user les vieux chapeaux
que leurs mères croient n'avoir pas déjà suffisamment usés elles-mêmes !

L'économie est une belle chose ; mais malheureusement la jeunesse, costumée de la sorte,
n'est pas comme l'économie.

De toutes les existences de tailleurs étala-
gistes, la plus incompréhensible est celle de

ces industriels qui, depuis dix ans, ont devant leur porte un grand écriteau annonçant : — Vente pour cause de faillite !—ou : pour cause de fin de bail !—ou : pour cause de démolition ! liquidation ! — ou autre mystification !

Il faut qu'il y ait encore pas mal de jobards dans la nation qui se qualifie de plus spirituelle de l'Europe, pour que ces farceurs continuent la même plaisanterie, et toujours dans la même boutique, depuis dix ou douze années consécutives.

Il est vrai que tous ces vêtements ne se vendent pas, — ils se donnent ! — car ils sont à un rabais de 75 p. 0[0 au-dessous du cours.

Prix des habits louviers superfin, — trente-cinq francs ; — des pantalons, premier choix, — quinze francs cinquante, — et des gilets de poil de chèvre à — deux francs. — Enfin pour comble de bonheur, en profitant toujours du désastre du marchand, on peut se procurer des foulards de l'Inde à dix-sept sous !

Par exemple, quand l'acheteur, enchanté de son marché, se promène le soir sur le boulevard, il ne tarde pas à s'apercevoir qu'il s'enrhume violemment du cerveau, attendu qu'il a comme un courant d'air dans le dos ; — et de plus bon nombre de gamins se permettent de le suivre en poussant les exclamations moqueuses à l'usage de la jeunesse parisienne.

Notre homme se réfugie dans un café, et, en jetant un coup d'œil dans la glace, aperçoit un monsieur dont l'habit possède une large crevasse au milieu du dos, et dont le pantalon laisse entrevoir dans différents endroits des solutions de continuité qui laissent plus que deviner la chemise.

Dans le premier moment l'infortuné ne reconnaît pas ce monsieur, attendu qu'il a le visage barbouillé de diverses couches verdâtres, rougeâtres et jaunâtres, ce qui le fait ressembler à un héros d'un roman de Cooper. — Mais en s'approchant de plus près, le malheureux reconnaît que ce *Mohican* est lui-même ! Et, pour comble d'infortune, il ne peut même plus se permettre d'éternuer, car le moindre mouvement un peu brusque pourrait faire sauter les dernières coutures qui avaient encore eu la bonté de lier ensemble les dernières pièces de son vêtement le plus indispensable ; — et de plus il lui est interdit de se moucher, attendu qu'il reconnaît en même temps que son foulard de l'Inde ne lui a pas été vendu assez cher, dix-sept sous, puisqu'il lui a déjà mis sur le visage au moins pour quarante sous de couleurs diverses !

CHAPITRE XII.

Influence de l'habit sur la destinée de l'homme.

ous les parents qui envoient leurs fils à Paris soit pour compléter leur éducation, soit pour chercher fortune, ne manquent jamais de leur faire une foule de recommandations et ils oublient tous de leur donner un conseil qui, à lui seul, est plus important que tous les autres ensemble.

Quand je serai père de famille à la tête d'un fils âgé de vingt ans, si j'habite la province, je le conduirai comme tout le monde au bureau de la diligence Laffitte et Caillard, et là, sur le marche pied de la voiture destinée à faire route pour Paris, je lui dirai avec le baryton de circonstance : — « O mon fils ! tu pars pour Paris, — je n'ai qu'une chose à te dire, — fais choix d'un bon tailleur ! »

Les abricots, les melons et les hommes se jugent tous également sur l'apparence; et l'épître de Sedaine à son habit sera toujours admirablement vraie, surtout à Paris. Dans cette ville, si vous êtes bien mis, il ne se passera peut-être pas un jour dans la semaine où vous ne puissiez dire aussi :

« O mon habit, que je te remercie ! »

Et il ne faut pas croire que ce soient seulement les femmes et les jeunes gens efféminés qui attachent de l'importance au costume que vous portez et que vous jugez sur un simple coup d'œil. — Bien des hommes, et des plus graves et des plus sérieux, ne peuvent échapper à cette influence instantanée et involontaire qu'exerce l'aspect de votre elbeuf. Plus d'un pauvre diable de solliciteur n'a pas pu obtenir une place dans un bureau parce que le collet de son habit bâillait d'une manière démesurée, — et l'œil de la police s'ouvre même malgré lui sur tout individu dont la redingote est tant soit peu à la Bertrand.

Quant je parle de l'habit, il va sans dire que le pantalon s'ensuit tout naturellement — et l'article *sous-pied* doit surtout exciter toute l'attention d'un jeune homme qui tient à faire son chemin dans le monde. — Plus d'un mariage a été rompu parce que la jeune personne s'est aperçue que le futur qu'on lui destinait ne portait pas de *sous-pieds*. — Autant vaudrait avoir des souliers et des bas bleus. Ne vous est-il pas bien souvent arrivé à vous-même de dire en parlant de quelqu'un de votre connaissance : — C'est un bien honnête homme, mais il porte toujours des habits horriblement mal faits!

Ce qui fait que, sans vous en douter, vous trouveriez ce monsieur dix fois plus honnête homme encore si son tailleur était meilleur.

C'est-à-dire qu'avant peu de temps, avec le système de circonstances atténuantes qui court de par le monde et de par les jurys, tel assassin ne sera condamné qu'à dix ans de travaux forcés, parce que ces braves jurés auront reconnu une circonstance atténuante dans le fait que la victime portait un habit dont les manches étaient trop courtes de deux pouces.

Le fait est que de pareilles manches sont très-laides, et un avocat, pour peu qu'il ait été payé à l'avance, peut facilement prouver aux jurés que ce monsieur, costumé de la sorte, était loin de faire l'ornement de la société, — et que, par conséquent, la société ne doit pas se montrer trop sévère pour le venger.

Il va sans dire que si l'assassin porte une re-dingote qui lui prend bien la taille, a de jolies moustaches noires et fait des vers, il n'est con-damné qu'à cinq ans ; — l'*Audience* publie son procès orné d'un portrait gravé sur bois, et une foule de dames de la meilleure société se disputent ses autographes.

Du reste il est à remarquer que le costume de chaque nation subit diverses transformations, et suit toujours exactement la marche des idées de l'époque. — Rien qu'à regarder les gravures représentant les modes de tel ou tel siècle, on peut dire si les idées et les hommes de ce temps avaient de la grandeur, de la noblesse, de la poé-sie ; — ou si ce siècle était mesquin ou prosaïque, ou même est entièrement nul dans l'histoire.

Voyez le costume d'un Athénien au temps de *Périclès*, ou d'un Romain sous le règne d'*Au-guste*, rien n'était plus noble, plus magnifique.

— Aussi les poètes s'appelaient Virgile, Ovide, Horace, — les peintres et les statuaires Zeuxis ou Phidias.

En France, quand apparurent tout à la fois Corneille, Molière, Racine, Bossuet et tant d'autres hommes illustres dont le style restera éternellement comme un modèle, Louis XIV donnait aux seigneurs de sa cour des vêtements qui resteront aussi comme un type d'élégance, de richesse et de bon goût :

tandis que sous le directoire, lorsqu'on

n'eut plus qu'une caricature de gouvernement, on n'eut plus aussi que des caricatures de modes,

— et aucun ouvrage littéraire de quelque valeur n'a vu le jour à l'époque où brillaient les ridicules merveilleux qui mettaient toute leur gloire à danser la *trénis* au jardin de Marbœuf, dans ce costume qui est resté de tradition dans la pièce des *Rendez-vous bourgeois.*

7

On a écrit de bien savants et de bien lourds in-folios sur une foule de petites choses (comme par exemple cet auteur allemand qui a fait imprimer un énorme volume in-folio sur le zeste du citron) — et jusqu'à ce jour, on n'a pas encore songé à faire une des recherches historiques et philosophiques sur un sujet qui, futile en apparence, n'en serait pas moins curieux, et surtout pas moins instructif.

L'histoire de la mode en France depuis les premiers temps de la monarchie serait tout aussi digne des prix de l'Académie que des recherches sur la monnaie de Romuald, évêque de Melun au neuvième siècle, — ou que les dissertations sur la langue que parlaient certains peuples — qui n'ont jamais existé.

CHAPITRE XIII.

Histoire d'un habit.

eaucoup d'auteurs, plus ou moins ingénieux, ont écrit l'histoire d'un *schelling*, d'une pièce d'or, d'une pièce de cent sous, etc.,—mais aucun n'a encore essayé d'écrire l'histoire d'un habit, et pourtant ce sujet prêterait à au moins autant d'épisodes dramatiques et comiques que toutes les pièces de monnaie du monde.

Nous n'avons pas la prétention de traiter, dans un modeste chapitre de petite *Physiologie*, ce sujet, qui est encore beaucoup plus vaste qu'il n'en a l'air. — Nous nous contenterons d'indiquer les diverses phases de l'existence d'un mètre de *louviers* ou de *sedan*.

D'abord, je suppose que ce mètre a été coupé dans une pièce de drap d'une qualité supérieure, car les habits vulgaires ont une existence aussi vulgaire que leur étoffe. — Ils végètent pendant quinze ou dix-huit mois sur le dos du même pauvre diable, qui ne consent à se séparer un peu de son habit que lorsqu'il s'aperçoit que son habit l'a quitté presque tout à fait.

À peine a-t-il vu le jour dans une fabrique en renom, qu'après avoir été peigné une dernière fois, le fabricant lui donne son nom qu'il écrit sur ses lisières, — et, confié aux soins paternels d'un roulier, voilà mon jeune mètre qui prend sa volée vers Paris...

Quand je dis volée, c'est une manière de parler, attendu que la voiture du roulier fait six lieues par jour.

Arrivé dans la rue Vivienne ou dans le quartier de la Monnaie, notre jeune voyageur se repose pendant quelques semaines en compagnie de pas mal de compagnons. — Par exemple, si son étoile l'a fait tomber dans un brillant magasin de la rue Vivienne, il fait le beau et se pavane le soir au gaz, jusqu'à ce qu'un tailleur vienne le marchander en disant toutes sortes de choses désagréables, — telles que : — ce drap n'est pas corsé, il ne vaut pas grand' chose, etc., etc.

C'est humiliant pour son amour-propre, surtout s'il porte le nom de Grandin ou autre célébrité drapière. — Il est vrai que, pour le consoler, le marchand ne manque pas de répliquer immédiatement ; — Comment, ce drap n'est pas corsé ! mais il est de première qualité, etc., etc.

Une fois chez le tailleur, un jeune élégant, séduit par son moelleux et son éclat, le choisit, et le voilà transformé en un charmant habit à la française, qui, dès son entrée dans le monde, séduit le cœur d'une jolie petite femme.

Le jeune homme se flatte bien d'être aimé

pour lui-même, — mais erreur, c'est l'habit
seul qui a opéré la séduction.

Pendant quinze jours ou trois semaines, notre
habit mène l'existence la plus heureuse que l'on
puisse imaginer : — il ne va qu'aux Tuileries,
au spectacle, et partout où il apparaît il attire

immédiatement les lorgnons!—C'est délicieux.

Mais, hélas! un beau jour il est séparé de son jeune maître par suite d'un accident imprévu, tel qu'une *tache d'huile*, un accroc dans le dos, ou un garde du commerce! — Le garde du commerce surtout est à redouter.

Après cela, il est encore moins humiliant d'être séparé ainsi de son maître, *de par le Roi* et de par son tailleur, que de s'entendre dire un beau jour: — « François, prenez cet

habit, je ne veux plus le porter , il me dé-
plaît. »

C'est à en rougir de honte !

Notre habit fait donc un premier voyage au
Temple, où d'habiles tailleurs savent lui donner
une fraîcheur toute nouvelle, et il se voit acheté
par quelque chevalier d'industrie qui veut pé-
nétrer dans de riches salons, — ou par quelque pauvre diable de professeur ou d'homme
de lettres qui n'a pu trouver à s'ouvrir sur son
budget qu'un chapitre de cent cinquante francs
par an pour sa toilette, — et qui cependant
doit toujours être mis décemment.

Porté pendant sept à huit mois par ce nouveau
propriétaire , — notre infortuné ne tarde pas à
blanchir au coude d'une façon désolante.

Vous croyez peut-être que son existence tire
alors à sa fin, — point du tout. — Un vieux
proverbe dit que les voyages forment la jeunesse,
et les marchands d'habits ont trouvé moyen de
prouver qu'ils reforment aussi les vieux habits.

Acheté au prix de dix ou douze francs par
un de ces négociants ambulants qui parcou-
rent incessamment tous les quartiers de Paris ,
il est revendu quinze francs à un tailleur-bro-
canteur-expéditionnaire-chimiste , qui fait pas-

ser le vieil habit dans une chaudière d'où il sort presque jeune.

Seulement, comme cette jeunesse est factice, il a grand soin d'expédier ce vêtement au Mexique ou au Paraguay, où il va orner les épaules de quelque chef indien qui éprouve le besoin de se civiliser, et qui commence par porter un habit européen, mais rien qu'un habit !

Vous croyez que cet habit finit enfin défini-

tivement son existence sur les bords de l'Ohio :
— erreur. — Un nouveau brocanteur européen est encore là pour le recueillir au moment
où il quitte le nom d'habit pour prendre la
qualification de vieilles loques.

Et l'habit en question est devenu peut-être
le papier sur lequel j'écris ces lignes, — à
moins qu'il ne soit devenu le petit volume que
vous tenez vous-même entre les mains.

CHAPITRE XIV.

Le tailleur retiré.

'il est un homme malheureux sur la terre, c'est le tailleur retiré des affaires !

Ce qui viendrait encore à l'appui de ce que nous disions au commencement du présent volume, — à savoir : que le tailleur ne pourrait être dignement récompensé de toutes ses peines que par la palme du martyre et la canonisation du calendrier.

Les tailleurs retirés se divisent en deux grandes classes : — ceux qui se retirent des affaires avec une fortune plus ou moins ronde, — et ceux que leurs créanciers retirent de leurs affaires.

Quant aux tailleurs de cette seconde classe, — qui est la plus nombreuse, — il n'est pas besoin de vous prouver bien longuement, je pense, que ces infortunés ne peuvent plus se plaire à considérer la vie sous son point de vue bouffon, attendu que, lorsqu'on est inséré dans l'hôtel de la rue de Clichy pour cinq ans, on a au moins pendant douze heures par jour des idées qui ne doivent pas être du rose le plus tendre et le plus pompon.

Que faire dans cet établissement, où l'on est condamné à des *toisirs forcés*, encore plus désagréables que les travaux *idem* des condamnés de Toulon ou de Rochefort ?

Aussi les meilleurs instants du prisonnier sont-ils ceux où, ayant l'occasion de reprendre sa philanthropique aiguille, il peut rendre quelques légers services aux culottes de ses confrères en infortune, — car c'est bien le moins

- qu'on ne laisse pas de trous aux vêtements des gens en butte au vent de l'adversité !

Pendant le reste du temps, il peut se promener en long, puis en large, — puis en relong, puis en relarge, — et ainsi de suite, jusqu'au coucher du soleil ; — arrivé à cette époque de la journée, ce qu'il a de mieux à faire c'est d'imiter le soleil et d'aller rêver un avenir meilleur, — mais qui ne lui est réservé que dans un autre monde.

A propos d'avenir, — le prisonnier peut encore, pour peu qu'il soit superstitieux, se distraire en se tirant les cartes, — ou en jouant à la patience, — genres de divertissements permis par la Charte et tolérés par le directeur de Clichy.

Mais je vois que vous m'attendez au tailleur qui s'est retiré avec de la fortune, — et que de ce côté vous prétendez me tirer une botte qui culbutera de fond en comble mon assertion primitive, que vous ne craignez pas de qualifier de paradoxale !

Eh bien, monsieur ! j'arrive au tailleur retiré

des affaires, les culottes nettes, et je prétends, comme ci-dessus, que ce mortel est généralement fort malheureux et digne de toutes les larmes que vous pouvez avoir de disponibles.

Un tailleur devenu simple rentier n'est parvenu à acquérir sa fortune qu'en se donnant beaucoup de peine pendant quinze ou vingt ans, —car j'espère que vous avez perdu le préjugé que vous pouviez avoir encore en commençant la lecture de ce volume, touchant la rapidité avec laquelle les tailleurs gagnent 15,000 fr. de rente;— or, un homme qui a travaillé pendant vingt ans ou qui a confectionné trois ou quatre mille paletots, sept à huit mille pantalons et quinze à seize mille gilets, a contracté une habitude d'activité et de travail qui lui rend l'oisiveté insupportable!

Pendant la première semaine qui suit la vente de sa maison, il répète bien à tout le monde qu'il est le plus heureux des hommes; — il lit tous les journaux; — il entreprend de faire le tour des fortifications de Paris, et joue sa demi-tasse aux dominos en trois cents points, —partie liée. — Mais tous ces plaisirs ne peuvent l'étourdir tellement qu'il ne se mette à ouvrir la bouche d'une manière démesurée en aspirant tout l'air que sont susceptibles de contenir ses poumons, et cela dix fois par jour.

Du reste notre homme ne veut pas s'avouer qu'il bâille, — il met cela sur le compte des tiraillements d'estomac, — même une demi-heure après le dîner ; — mais cet amour-propre ne dure pas deux mois.

Avant la fin du premier trimestre il reconnaît

définitivement qu'il s'ennuie et se surprend
chaque matin à aller reprendre le chemin de
son ancienne maison,—soi-disant pour aller
dire bonjour à son successeur, fils, gendre ou
neveu, — mais en réalité pour assister encore
à quelque prise de mesure, à quelque coupe de
paletot, — pour aspirer l'air qu'exhale la pièce
de drap que l'on déploie sur la table.

Car il est à remarquer que le tailleur retiré
ne devient pas ambitieux comme le reste des
hommes,—ou boursouflé et important comme
un ex-modiste ou un ex-chemisier,—et il ne

cherche pas à se lancer dans les honneurs; —
il est électeur, souvent même éligible, — et
pourtant il reste toujours philosophe.

Cela tient sans doute à ce qu'il estime tous ces habits brodés à leur juste valeur : — cinquante écus ! — prix de facture !

Faites donc des courbettes pendant six mois, donnez donc des poignées de main à cinq ou six cents individus pour arriver à vous mettre sur le dos pour cinquante écus de gloriole !

Quand le tailleur rentier a cherché à se distraire par tous les moyens possibles en achetant une petite propriété aux environs de Paris, et en s'abonnant au *Journal des Connaissances utiles*, qui lui donne le moyen de greffer des pommiers sur des poiriers, et d'obtenir par semis un rosier qui doit produire des œillets et sur les branches duquel il ne voit venir en réalité que des chenilles. — Il éprouve quelquefois le besoin de passer à des distractions plus palpitantes et se lance dans les actions industrielles !.... mais c'est une preuve que ses facultés baissent visiblement, et sa famille est fort émue !

Effectivement elle ne tarde pas à le perdre, — heureux encore quand sa fortune ne l'a pas précédé au tombeau, et n'a pas été se faire enterrer sous les rails de quelque chemin de fer,—au fond d'une mine de houille,—ou au fond du Texas,—pays qu'il ne faut pas confondre avec le Pérou !

CHAPITRE XV.

Épilogue qu'il était fort important d'écrire !

oici un chapitre qu'il nous était impossible de ne pas écrire, —notre conscience et notre éditeur nous en faisaient un devoir, — plus qu'un devoir même, une loi ; — et pourtant jamais auteur tenant en ses doigts une plume de sir Perry ou une vulgaire plume d'oie ne fut plus embarrassé que l'infortuné jeune homme blond qui tient en ce moment la plume qui griffonne les mots que vous lisez présentement.

Au moment de rédiger cet *épilogue* je regrette vivement de ne pas avoir écrit un *prologue,* cela serait revenu absolument au même ;
— mais, hélas ! ma mauvaise étoile a voulu
que je ne prisse pas mes degrés littéraires à
l'école de M. Bouchardy, qui ne procède jamais que par mélodrames en cinq actes dont
un prologue !

Enfin n'importe ! — ce qui est fait est fait,
— maxime aussi vieille que désolante, car elle
me rappelle que ce qui n'est pas fait reste à
faire, — et que, par conséquent, je dois vous
confier mystérieusement le motif palpitant d'intérêt qui m'a fait écrire le présent CHAPITRE XV
intitulé *Épilogue.* — Titre que vous devez
trouver réellement très-joli, à moins que vous
ne soyez enclin vous-même à épiloguer sur les
mots !

Mais je vous entends me crier : — *au fait !*
— tellement vous êtes pressé de connaître le
fond du sac de ce mystérieux épilogue.

Et pourtant plus je vous vois impatient et
plus je crains d'y arriver, à ce terrible mot du
logogriphe.

Non pas qu'il soit capable de me faire tra-
duire en police correctionnelle comme atten-

tatoire à la Majesté royale, aux bonnes mœurs, ou à la garde nationale !

Je vous prie de croire que sous ce triple rapport j'ai l'innocence d'un garde municipal, — à cheval encore !

Mais cela n'empêche pas que je ne sois fort embarrassé !

Car enfin, je ne vous connais pas assez pour savoir comment vous prendrez la chose ; — je dirai mieux, c'est que probablement je ne vous connais pas du tout, — sauf cette légère liaison qui a existé entre nous durant cent vingt-deux pages.

Il est possible que vous soyez nerveux, susceptible, très-maussade, — tout ceci n'est qu'une pure supposition ; — car, du moment où vous achetez ces petites *physiologies*, il y a beaucoup, énormément, à parier que vous êtes jovial, spirituel, bon garçon, — enfin pétri de qualités ; — excusez ma franchise.

Oui, mais sur cent lecteurs ne viendrais-je qu'à en rencontrer un seul doué du premier caractère peu caressant décrit plus haut, que je redouterai encore beaucoup la mauvaise humeur de ce monsieur, si ma révélation ne lui plaît pas.

Ah! bah! tant pis après tout! — Il en sera quitte pour jeter le volume par la fenêtre, et la maison Aubert gagnera probablement vingt sous à cet accès de colère, car un lecteur aussi désagréable doit être avare, — probablement il aura tout simplement emprunté à un de ses amis la *Physiologie du tailleur;* — et une fois le volume dans la rue, du diable si quelqu'un le lui rapporte. — Notre lecteur maussade, colère et avare sera donc obligé d'acheter un nouveau volume pour remplacer celui qu'il aura détruit, — et ce sera bien fait!

Aussi je ne vais pas plus long-temps par quatre chemins, et je vous dirai donc, — avec tous les respects que je vous dois, madame! — car cette idée ne m'était pas encore venue: il est fort possible que mon lecteur soit une lectrice, une jolie lectrice aux cheveux blonds et aux yeux bleus, — ou bien encore aux yeux noirs et aux cheveux bruns, — ou bien encore aux cheveux noirs et aux yeux bleus, — ce qui est infiniment plus rare. — Mais n'importe la nuance, madame, je vous trouve charmante; et peu s'en est fallu que je ne vous appelasse *mademoiselle!* — car on jurerait que vous n'avez que dix-huit ans, — c'est-à-dire que je ferais plus que de le jurer, — je le parierais.

Mais en eussiez - vous vingt - cinq que je trouverais que c'est encore un âge adorable; — si vous en avez trente, je ne continue pas moins à me jeter à vos genoux!

Vous en avouez trente-cinq? — Ah diable! alors je me relève, car alors si vous vous en donnez trente-cinq, je pourrais être surpris par monsieur votre fils, lieutenant de sapeurs ou de carabiniers; — il me prendrait pour votre cordonnier; — ça ne me blesserait pas, — mais enfin chacun son état.

Ah çà! où en étions-nous de notre conversation?

M'y voilà! — j'étais en train de vous apprendre le mystère du CHAPITRE XV et dernier.

Eh bien! puisqu'il n'y a plus moyen de reculer, — et d'autant mieux que je m'aperçois que tout en reculant je suis arrivé à mon but, — je vous révèle, — oh! mais sous le sceau du secret, — et uniquement à vous seul, — que ce présent épilogue a été écrit dans l'intention, dans l'unique intention — de remplir *quatre pages* qui étaient restées en blanc!

Ah ! j'en étais sûr ! — voilà les nerfs de mon lecteur maussade qui font leur jeu, — il ouvre la fenêtre, — il lance le volume dans la rue ! — *gare là-dessous !*

En voilà une d'humiliation pour un auteur !

Si je me donnais un conseil, ce serait de me brûler immédiatement la cervelle ; — mais je ne me le donnerai pas !

FIN.

TABLE.

Sous presse, pour paraître le 12 septembre.

Physiologie
DU CHASSEUR,
Par DEYEUX,
DESSINS D'EUGÈNE FOREST.

PRIX : **1** FRANC.

Sous presse, pour paraître fin septembre.

Physiologie
DE LA GRISETTE,

Par Louis Huart.

VIGNETTES PAR GAVARNI.

PRIX : 1 FRANC.

Publications d'Aubert et Cie, place de la Bourse, 29.

Livres illustrés.

LES ANIMAUX PEINTS PAR EUX-MÊMES, magnifique volume illustré par Grandville. — LES FABLES DE FLORIAN, par le même artiste. — LES FEMMES DE SHAKSPEARE, livre de luxe, orné de gravures anglaises. — LES BEAUTÉS DE LORD BYRON, texte par Amédée Pichot, gravures anglaises du plus grand mérite. — LE MUSÉUM PARISIEN, texte par L. Huart, dessins par Gavarni, Daumier, Grandville et autres. — LES FABLES DE FLORIAN, édition illustrée par Victor Adam. — PARIS DAGUERRÉOTYPÉ, les rues de Paris avec texte explicatif et historique. — LA GALERIE DE LA PRESSE, DE LA LITTÉRATURE ET DES BEAUX-ARTS, trois gros volumes: 147 portraits des artistes et gens de lettres en réputation. — LES FASTES DE VERSAILLES, texte par M. Fortoul, gravures anglaises et françaises. — PHYSIOLOGIES par MM. Balzac, — Delor, — L. Huart, — Lemoine, — H. Monnier, — Maurice Alhoy, — Marco Saint-Hilaire, — Ourliac, — Philipon, — James Rousseau, — F. Soulié et autres; dessins de Daumier, — Gavarni, — Janet-Lange, — A. Menut et autres.

LES CENT-ET-UN ROBERT-MACAIRE, texte par MM. Maurice Alhoy et Louis Huart, dessins par *Daumier*, sur les idées et légendes de *Ch. Philipon*, 2 beaux volumes, 101 dessins. Prix, 20 fr.

LE MUSÉE POUR RIRE, texte par MM. C. *Philipon, Louis Huart* et *Maurice Alhoy*; dessins de MM. *Gavarni, Grandville, Daumier, Bouchot* et autres, 3 beaux volumes. Prix : 30 fr

Estampes.

Estampes d'encadrement, — Estampes de genre, pour albums, etc., — Modèles de figures, de paysages, de fleurs, d'animaux, — Ornements anciens et modernes, — Costumes de théâtre et de travestissements, — Costumes civils et militaires, — Dessins pour les fabricants d'étoffes, d'impression sur toile et sur papier, de broderies, de tapis, etc., etc.

Caricatures.

La maison Aubert a fondé les journaux qui publient des

caricatures, les 99 centièmes de ce qui paraît en ce genre
sont imprimés par elle; c'est dire qu'elle seule possède un
assortissement bien complet des dessins comiques destinés
à l'amusement.

ESTAMPES, — ALBUMS, — LIVRES ILLUSTRÉS, — CARICATURES,
— RECUEILS POUR JETER SUR LES TABLES DE SALON, —
MODÈLES DE DESSINS, — ORNEMENTS, — MOTIFS POUR LES
DESSINATEURS DE FABRIQUE, etc., etc., etc.

ALBUMS DE POCHE. Sous le titre de *Miroir du Bureaucrate*, — *Miroir du Collégien*, — *Miroir du Calicot*, — *Miroir du Pique-Assiette*, etc., format des Physiologies et du
prix infiniment modique de 50 cent.

FOLIES CARICATURALES, fort piquant album de salon, paraissant par livraisons remplies d'une myriade de folies grotesques. Prix de la livraison, 50 cent.

L'ALBUM CHAOS, ouvrage du même genre, dessiné à la plume
et pouvant servir de modèle de croquis. La livraison,
50 cent.

HISTOIRES PLAISANTES DE MM. *Jabot*, — *Crépin*, — *Vieux-
Bois*, — *Lajaunisse*, — *Lamchasse*, — *Vert-Pré*, — *Jobard*,
— *Des deux vieilles Filles à marier*, — et d'un Génie in-
compris. — Prix de chaque album, 6 fr.

CHOIX IMMENSE D'OUVRAGES DE TOUS GENRES POUR CADEAUX
D'ÉTRENNES, — SOUVENIRS DE VOYAGE, — LIVRES A GRA-
VURES, etc., etc.

Publications pour Enfants.

LA MORALE EN IMAGES, texte par MM. *l'abbé de Savigny*,
— *Léon Guérin*, — *O. Fournier*, — *A. Auvial*, — *Michelant* et *madame Eugénie Foa*; —Dessins de MM. *Alophe*,
— *Beaume*, — *Charlet*, — *Jules David*, — *Deveria*, —
Francis, — *Johannot*, — *Janet-Lange*, — *Louis Lassalle*,
— *Léon Noel*, — *C. Roqueplan*, — *E. Wattier*, et autres,
publié sous la direction de M. *Ch. Philipon*. Livraisons
de 25 cent., 40 livraisons forment un volume dont le prix
sera porté à 12 fr. aussitôt qu'il sera complet.

LE PANTHÉON DE LA JEUNESSE, histoire des Enfants célèbres,
50 cent. la livraison. —LES SOIRÉES D'AUTOMNE, nouvelle
morale en actions, 25 cent. la livraison. — LE VOCABU-
LAIRE DES ENFANTS, — le LIVRE D'IMAGES, etc., etc.

J.-J. DUBOCHET ET CIE, 33, RUE DE SEINE.

LE
JARDIN DES PLANTES,

DESCRIPTION ET MŒURS DES ANIMAUX
DE LA MÉNAGERIE ET DU CABINET D'HISTOIRE NATURELLE,

PAR H. BOITARD,

Précédé d'un

Voyage pittoresque au Jardin des Plantes,

PAR M. ROLLE.

OUVRAGE ORNÉ DE 300 GRAVURES SUR CUIVRE
IMPRIMÉES DANS LE TEXTE;
ET DE 60 GRAVURES HORS TEXTE.

30 c. la liv. — *15 fr. l'ouvrage complet.*

Ce livre contient des vues de tous les édifices et paysages du Jardin, des paysages des Alpes, d'Amérique de l'Inde; tous les types connus d'animaux mammifères, les portraits de Buffon, de Daubenton et de Cuvier; une carte chinoise du Jardin et de toutes les fabriques, etc.

aricatures, les 99 centièmes de ce qui paraît en ce genre ont imprimés par elle ; c'est dire qu'elle seule possède un assortissement bien complet des dessins comiques destinés à l'amusement.

Estampes, — Albums, — Livres illustrés, — Caricatures, — Recueils pour jeter sur les tables de salon, — Modèles de dessins, — Ornements, — Motifs pour les dessinateurs de fabrique, etc., etc., etc.

Albums de poche. Sous le titre de *Miroir du Bureaucrate*, — *Miroir du Collégien*, — *Miroir du Calicot*, — *Miroir du Pique-Assiette*, etc., format des Physiologies et du prix infiniment modique de 50 cent.

Folies caricaturales, fort piquant album de salon, paraissant par livraisons remplies d'une myriade de folies grotesques. Prix de la livraison, 50 cent.

Album chaos, ouvrage du même genre, dessiné à la plume et pouvant servir de modèle de croquis. La livraison, 50 cent.

Histoires plaisantes de MM. *Jabot*, — *Crépin*, — *Vieux-Bois*, — *Lajaunisse*, — *Lamchasse*, — *Vert-Pré*, — *Jobard*, — *Des deux vieilles Filles à marier*, — *et d'un Génie incompris*. — Prix de chaque album, 6 fr.

Choix immense d'ouvrages de tous genres pour Cadeaux d'étrennes, — Souvenirs de voyage, — Livres a gravures, etc., etc.

Publications pour Enfants.

La Morale en images, texte par MM. *l'abbé de Savigny*, — *Léon Guérin*, — *O. Fournier*, — *A. Auvial*, — *Michelant et madame Eugénie Foa*; — Dessins de MM. *Alophe*, — *Beaume*, — *Charlet*, — *Jules David*, — *Deveria*, — *Francis*, — *Johannot*, — *Janet-Lange*, — *Louis Lassalle*, — *Léon Noël*, — *C. Roqueplan*, — *E. Wattier*, et autres, publié sous la direction de M. *Ch. Philipon*. Livraisons de 25 cent., 40 livraisons forment un volume dont le prix sera porté à 12 fr. aussitôt qu'il sera complet.

Le Panthéon de la jeunesse, histoire des Enfants célèbres, 50 cent. la livraison. — Les Soirées d'automne, nouvelle morale en actions, 25 cent. la livraison. — Le Vocabulaire des enfants, — le Livre d'images, etc., etc.

En vente chez les mêmes Libraires.

PHYSIOLOGIE DU PROVINCIAL A PARIS, par *Pierre Durand (du Siècle)*, dessins par *Gavarni*.

Id. DE L'EMPLOYÉ, par *Balzac*, dessins par *Trimolet*.

Id. DU MÉDECIN, par *L. Huart*, dessins par *Trimolet*.

Id. DE LA LORETTE, par *Maurice Alhoy*, dessins par *Gavarni*.

Id. DE L'ÉTUDIANT, par *L. Huart*, dessins par *Daumier, Alophe et Maurisset*.

Id. DE L'HOMME MARIÉ, par *Paul de Kock*, dessins par *Marckl*.

Id. DU GARDE NATIONAL, par *L. Huart*, dessins par *Trimolet et Maurisset*.

Id. DE L'HOMME DE LOI, par *un Homme de Plume*, dessins par *Trimolet*.

Id. DU FLANEUR, par *L. Huart*, dessins par *Daumier et Alophe*.

Id. DE LA PORTIÈRE, par *James Rousseau*, dessins par *Daumier*.

Id. DE L'ÉCOLIER, par *Edouard Ourliac*, dessins par *Gavarni*.

Id. DES AMOUREUX, dessins par *Gavarni*.

Id. DE L'HOMME A BONNES FORTUNES, par *Edouard Lemoine*, dessins par *Gavarni*.

SOUS PRESSE :

Id. DU BAS-BLEU, par *Frédéric Soulié*.

Id. DU FLOUEUR, par *Ch. Philipon*, dessins par *Daumier*.

Id. DU TROUPIER, par *Marco-St-Hilaire*.

Id. DU DÉBARDEUR, dessins par *Gavarni*.

Id. DE LA GRISETTE, par *Louis Huart*.

Id. DU MUSICIEN, par *Albert Cler*.

Id. DE LA PARISIENNE, par *Taxile Delord*.

Id. DU VOYAGEUR, par *Maurice Alhoy*.

Id. DU BOURGEOIS, texte et dessins par *Henry Monnier*.

Id. DU CHASSEUR, par *Deyeux*, dessins par *Forest*.

Id. DU DÉBITEUR ET DU CRÉANCIER, par *Maurice Alhoy*.

Id. DE LA FEMME MALHEUREUSE, par *E. Lem Ane*.

Id. DU COMÉDIEN, par *Louis Huart*.

Et beaucoup d'autres *Petites-Physiologies* du même format et du même prix.

PARIS. IMPRIMÉ PAR BÉTHUNE ET PLON.